Vente des 9 et 10 Décembre 1863

OBJETS D'ART

ET DE CURIOSITÉ

Des Quinzième et Seizième Siècles

Me Ch. PILLET, Commissaire-Priseur

M. ROUSSEL, Expert

PARIS. IMPRIMERIE DE PILLET FILS AINÉ
5, RUE DES GRANDS-AUGUSTINS.

CATALOGUE

D'OBJETS D'ART

ET DE CURIOSITÉ

Sculptures en marbre, en pierre et terre cuite;
Bois et Ivoires sculptés; Bronzes florentins et autres, parmi lesquels on remarque une très-belle Paire de Feux ornés de figures (XVIe siècle);
Ostensoirs et Reliquaires;
Objets en fer repoussé et ciselé, dont une magnifique Paire de Chenets;
Orfévrerie, Horloge et Montres du XVIe siècle; Émaux de Limoges; Bronzes antiques
Meubles anciens en bois sculpté et doré;
Manuscrits sur vélin, ornés de belles miniatures; Objets variés de tous les genres

Le tout arrivant de l'Étranger

DONT LA VENTE AURA LIEU

HOTEL DROUOT, SALLE N° 3

Les Mercredi 9 et Jeudi 10 Décembre 1863

A UNE HEURE

Par le ministère de Me **CHARLES PILLET**, Commissaire-Priseur, rue de Choiseul, 11,

Assisté de M. **ROUSSEL**, Expert, rue Rochechouart, 48,

Chez lesquels se distribue le présent Catalogue.

EXPOSITION PUBLIQUE

Le Mardi 8 *Décembre* 1863, *de une heure à cinq heures.*

CONDITIONS DE LA VENTE

Elle sera faite au comptant.

Les adjudicataires payeront *cinq pour cent* en sus des enchères, applicables aux frais.

Paris. — Imp. de Pillet fils aîné, rue des Grands-Augustins, 5.

DÉSIGNATION

DES OBJETS

Sculptures en marbre, en pierre et en terre cuite

1 — Beau bas-relief de petite dimension en marbre blanc, représentant le Christ mort, entouré des saintes femmes; au second plan sont les apôtres. Travail d'une grande finesse du xve siècle, attribué à Andrea Verrocchio.

2 — Belle statuette en marbre blanc presque de grandeur naturelle, représentant la Magdeleine à demi-couchée et en partie drapée, le coude appuyé sur un rocher; elle tient de la main droite une discipline dont chaque lanière est sculptée à jour; de la gauche, elle ramène son vêtement sur sa poitrine. Travail italien de la fin du siècle dernier.

3 — Deux grands bustes avec chlamyde, en marbre blanc, représentant des empereurs romains. Bon travail italien du xvie siècle, d'après l'antique.

4 — Deux jolies consoles en marbre blanc, richement sculptées, provenant d'une cheminée ou d'un balcon.

5 — Armoirie ducale, surmontée de la corne des doges de Venise. Belle sculpture en pierre calcaire.

— Grande et belle armoirie italienne, en pierre d'Istrie; elle est surmontée d'un casque héraldique à haut cimier.

7 — Plusieurs beaux fragments de sculpture en marbre et en terre cuite, des xve et xvie siècles.

8 — Joli bas-relief en terre cuite non-émaillé, de Luca della Robbia, représentant quatre enfants dansant devant deux jeunes garçons qui sonnent de la trompe; un bas-relief à peu près semblable à celui-ci se voit, en marbre blanc, à Florence, galerie des Offices.

Bois et Ivoires sculptés

9 — Grand christ en ivoire; travail italien du xviie siècle, portant 43 cent. de haut. La croix, en bois d'ébène, est plantée sur un rocher en bois peint formant

console, sur lequel sont placées des figures symboliques en bronze doré; ainsi que le serpent, sous la forme d'un dragon ailé, tenant la pomme dans sa gueule. Hauteur totale, 1m,35.

10 — Beau groupe de deux figures en ivoire, représentant le baptême de saint Jean. Travail italien de l'Ecole de Donatello. Haut. 28 cent.

11 — Petit diptyque en ivoire, d'une grande finesse d'exécution, représentant d'un côté le martyre de sainte Catherine, de l'autre celui de saint Marc l'évangéliste. Ces sujets sont gravés sur bois dans les Heures de Jean Clein, de l'Ecole de Lyon, imprimées à Nuremberg en 1517.

13 — Deux plaques de diptyque en ivoire, d'une extrême finesse d'exécution, représentant deux sujets de la Passion. Travail italien du xive siècle.

15 — Christ en ivoire; beau travail allemand du xvie siècle.

16 — Autre christ en ivoire, époque de Louis XIV.

17 — Tête de saint Jean. Travail du xiiie au xive siècle, dont l'ivoire est passé presque à l'état fossile.

18 — Médaillon représentant en bas-relief Judith tenant la tête d'Holopherne. Travail italien du xviie siècle.

19 — Affiquet en ivoire sculpté, formé à sa partie supérieure par un groupe d'animaux.

20 — Couteau-poignard, dont le manche en ivoire est formé par un groupe de figures représentant la mort d'Absalon.

21 — Beau jeu d'échecs, dont l'échiquier est en fine marqueterie d'ivoire, et les pièces, les unes en ivoire, les autres en bois, représentent des personnages de l'époque de Louis XIII. Beau travail italien, très-rare.

22 — Coffret de mariage, en mosaïque d'ivoire, orné de sujets en bas-relief sculptés sur os, représentant la vie du Beau Paris. XIVe siècle.

23 — Un fragment de bas-relief en ivoire, vautour dévorant une biche; et un cachet à tête de bélier.

24 — Eventail du temps de Louis XV, en ivoire sculpté et découpé à jour, offrant des figures et des guirlandes de fleurs d'un travail très-fin, orné d'une miniature chinoise sur vélin.

25 — Eventail chinois en ivoire sculpté et repercé à jour, représentant divers sujets chinois.

26 — Grand coffret allemand orné sur chaque face des bas-reliefs mosaïques en bois de diverses couleurs; celui

du couvercle représente la conversion de saint Hubert.

27 — Joli cadre italien du XVIe siècle en bois sculpté, rehaussé de dorure, orné de cariatides, de mascarons et d'enroulements du plus beau style, avec fronton et cul-de-lampe.

28 — Groupe de deux figures, le baiser de Judas. Travail du XVe siècle.

29 — Cadre italien en bois sculpté et doré du XVIe siècle, composé de figures et de cariatides renversées; il est surmonté d'un riche fronton.

30 — Autre cadre du même genre.

31 — Cadre en bois scupté, composé de deux pilastres ornés d'arabesques supportant une frise et un fronton ; le bas se termine par un cul-de-lampe. Epoque de Louis XII.

32 — Deux pions de jeu de dames en bois sculpté, représentant des bustes de femmes en costumes élégants du XVIe siècle. Travail allemand d'une finesse remarquable.

33 — Deux autres pions à peu près semblables; au revers sont inscrits les noms des personnages.

34 — Grand et beau panneau en bois sculpté, provenant d'un coffre d'atour italien.

Bronzes florentins et autres

35 — Saint Jérôme agenouillé sur un rocher et se frappant la poitrine avec une pierre; statuette d'un grand style; bronze italien fondu à cire perdue et très-léger. XVIe siècle.

36 — Ecritoire italienne du XVIe siècle, en bronze. La coupe est supportée par trois figures de Renommée.

37 — Heurtoir de porte, riche d'ornementation, avec buste et mascarons. Bronze italien du XVIe siècle.

38 — Autre heurtoir d'une belle composition, enrichie de mascarons. Bronze fin et d'une belle patine.

39 — Clochette en métal très-sonore, ornée au pourtour d'un bas-relief représentant des divinités marines, dans le style de Ricci, la poignée est formée de deux cariatides adossées. XVe siècle.

40 — Belle tête d'enfant de grandeur naturelle en bronze italien du XVe siècle, fondu à cire perdue, attribuée à Verocchio. Le dessin de cette tête existe au cabinet des dessins du Louvre, exécuté à la sanguine et attribué à André del Sarte.

41 — Buste de Henri IV, roi de France, en bronze. Travail français de l'époque.

42 — Petit encrier italien en bronze, du XVIe siècle, orné de cariatides et de mascarons. Plus une autre pièce en bronze.

43 — Deux grandes poignées de meuble, en bronze finement ciselé, ornées d'un mascaron barbu.

44 — Deux espèces de réchauds à bougie du XVIe siècle (mortiers à cire) en bronze, les couvercles, percés au centre, offrent des ornements très-fins sur les deux faces.

45 — Paire de flambeaux en bronze italien du XVIe siècle. La tige, supportant le plateau, est ornée de cariatides et de feuillages; le nœud, en forme de vase, est cantonné de sirènes; le pied, à volutes, supporte trois figures de génies.

46 — Petite statue équestre de Maximilien Sforce, duc de Milan, au temps de la troisième expédition française en Italie sous François Ier. Il est représenté tête nue et armé partie à la mode du temps et partie à l'héroïque, tenant le bâton de commandement. Ce petit monument, d'heureuse proportion pourrait servir de modèle à l'exécution en grand pour orner une place publique.

47 — Petite statue équestre en bronze doré, sur un riche

piédestal orné de bas-reliefs, représentant des divinités marines ; le personnage nous est inconnu, il est dans l'attitude du combat et armé comme le précédent. Travail italien du XVe siècle.

48 — Très-belle paire de chenets italiens en bronze du XVIe siècle, formés de vase cantonnés de cariatides et de figures de génies, riche composition et du plus beau style. Haut. 80 cent.

49 — Deux forts pommeaux de siéges vénitiens formés d'enfant sur des dauphins, partie dorée.

50 — Deux figures en bronze florentin sur piédouches en marbre ; ils représentent Bacchus et Flore.

51 — Deux statuettes, en bronze doré, femmes debout sur des dauphins posés sur une sphère.

52 — Deux figurines en bronze doré sur piédestaux, elles portent le costume et l'attirail militaire de l'époque de Henri IV.

53 — Joli pommeau de siége vénitien en bronze doré sur piédestal cantonné de sirènes, XVIe siècle.

54 — Deux sirènes en cuivre doré, ayant servi de pieds à un cabinet.

55 — Deux petits vases en bronze doré et gravé, de forme Médicis, avec anses à dragons, XVIIe siècle.

56 — Petit sucrier à couvercle, et deux anses en cuivre gravé et doré.

Objets religieux

57 — Belle croix processionnelle, en cuivre repoussé et doré, décorée d'ajours en broderie dans le style gothique ; le nœud est orné de six plaques niellées représentant des saints à mi-corps.

58 — Autre croix décorée d'appliques émaillées en basse taille représentant des figures à mi-corps et les attributs des évangélistes.

59 — Beau calice muni de sa patène, la tige et le nœud sont décorés d'émaux, la coupe et la patène sont en argent doré. Travail italien du XIVe siècle.

60 — Reliquaire en cuivre doré, représentant un édifice gothique. Travail allemand du XVe siècle.

61 — Autre, dont le pied est décoré d'émaux. Travail italien.

62 — Encensoir en cuivre repoussé, de forme sphéroïdale, orné de figures de saints à mi-corps, placées sous des arcades. Travail italien du XIIe siècle.

63 — Autre encensoir en bronze du XIIe siècle.

64 — Joli reliquaire italien, en forme de tourelle à huit pans percés d'arcades, il est monté sur pied élevé et richement orné d'émaux de basse taille. Travail siénois du XIVe siècle.

65 — Jolie croix en argent doré, décorée sur les deux faces d'émaux translucides, représentant des figures de saints, ainsi que les attributs des évangélistes; au centre est une petite croix latine en cristal de roche, et aux extrémités sont des vides quadrilobés destinés à recevoir des reliques. Travail italien du XIVe siècle.

66 — Autre croix pectorale en cristal de roche, exécutée d'un seul morceau, richement montée en or émaillé.

67 — Croix avec nœud et pendeloques en argent doré et émaillé, ornée de grenats. Bijoux de l'époque de Louis XIII.

68 — Bijoux en bas or, représentant la madone sous un petit monument dans le style du XVIe siècle.

69 — Chandelier gothique du XIVe siècle, en bronze, formé par une femme sur un lion et supportant au-dessus de sa tête une fleur de lothus, qui forme le binet.

70 — Autre chandelier gothique en bronze, formé par un personnage vêtu à la mode du XIVe siècle.

Objets en fer

71 — Très-grande et superbe paire de chenets italiens en fer forgé et repoussé au marteau. Ils se composent d'un patin supportant un balustre, l'un et l'autre richement ornés de consoles et de volutes enrichies de mascarons; chaque tige se termine par un plateau à jours très-orné, et supporte une potence tournante formant flambeau et décorée de rinceaux feuillagés et d'un mufle de lion ciselé. Les deux chenets sont réunis à l'armature à laquelle ils se rattachent par des ornements à jour du même genre que ceux qui décorent les potences. Pièce unique dans son genre. Haut., 1^{m}.

72 — Chaîne en fer forgé, composée de maillons en forme d'étoile à quatre ailerons entièrement à jour. Travail italien.

73 — Autre chaîne semblable.

74 — Petit cabinet italien, en bois d'ébène, incrusté de filets en ivoire, orné extérieurement de quatre plaques en fer, damasquinées d'or et d'argent, représentant divers sujets; l'intérieur est garni de plusieurs tiroirs ornés sur le devant de plaques en fer damasquinées du même travail. XVIe siècle.

75 — Petit coffret en fer damasquiné d'argent. La monture, en cuivre doré et ciselé, offre aux angles de petites figurines debout. Époque Louis XIII.

Objets d'orfévrerie

76 — Vase en argent, dont la coupe, en forme de conque et portée sur un pied élevé, formé par une figure d'enfant. Sur la volute de la conque est placée une figure de guerrier.

77 — Gobelet en argent repoussé et doré, d'une forme très-élégante; les ornements du pied et de la coupe sont très-fins et d'un beau style.

78 — Gobelet en cuivre doré et repoussé, ayant la forme d'une figurine de femme, dont la robe, richement brodée, forme la coupe; elle a les bras élevés au-dessus de sa tête et supporte une petite coupe mobile. Travail allemand.

79 — Couvercle de vase en argent repoussé, offrant en relief le sujet de saint Christophe.

80 — Éventail chinois en filigrane d'argent émaillé, rehaussé de dorure. Travail fin et bien conservé.

Horlogerie

81 — Horloge de table en cuivre doré, enrichie de nombreux ornements en argent ciselé. La boîte, de forme rec-

tangulaire, est garnie de glaces pour laisser voir le mouvement, qui est très-ouvragé et enrichi d'ornements gravés au burin. Époque Louis XIII.

82 — Grosse montre, dont la boîte en cuivre, découpée à jour, représente des fleurs.

83 — Autre montre du même genre; la boîte, en cuivre doré, entièrement découpée à jour, est en outre ornée d'un cercle en argent gravé et repercé à jour.

84 — Autre montre du même genre.

85 — Autre montre à peu près semblable.

86 — Horloge de table en cuivre doré, de forme circulaire, surmontée du Christ en croix, avec les figures de sainte Marie-Magdeleine et de saint Jean en argent, placées au pied de la croix. Une sphère placée au haut de la croix indique les heures. Ouvrage allemand de l'époque de Louis XIII.

87 — Petite horloge en forme de tourelle, à six pans, surmontée d'une coupole découpée à jour. Le tout en cuivre doré. XVIe siècle.

88 — Autre petite horloge en cuivre doré, de forme monumentale, avec coupole découpée à jour, surmontée d'une figurine. Les quatre faces sont chargées d'ornements gravés au burin, et les angles flanqués de colonnettes très-richement ornées. XVIe siècle.

89 — Grande et belle horloge en bois noir, richement ornée d'appliques en cuivre repoussé et doré, ainsi que de figures en bronze doré d'un beau style. Pièce remarquable. Époque de Louis XIII.

Émaux de Limoges

90 — Grand et beau médaillon de forme circulaire; peinture grisaille rehaussé d'or. Le buste de Néron, entouré d'une bordure d'arabesque en grisaille sur fond bleu, du plus beau style, attribué à Pierre Courtois (De la vente Rattier).

91 — Deux plaques rectangulaires; peintures coloriées représentant, l'une Jésus devant Pilate, l'autre Jésus devant Caïphe, attribuées à Courtois dit Vigier.

92 — Baiser de paix italien, du XVe siècle, peinture grisaille représentant la Résurrection, avec sa monture du temps, en cuivre doré.

93 — Salière à peinture coloriée et à paillons, représentant des divinités du paganisme, attribuée à Suzanne Courtois,

94 — Deux petits médaillons à huit pans, peintures coloriées sur paillons, représentant des sujets de la fable, attribués à Suzanne Courtois.

95 — Petite peinture italienne du XVe siècle, sur émail, représentant l'Ecce homo, en grisaille, avec inscription latine tirée de l'Évangile. Cadre en cuivre doré.

96 — Deux petits médaillons ronds, dont un offre le portrait de Louis XIII enfant.

97 — Grande croix en émail byzantin. Le Christ est rendu en émail de couleur sur fond de métal, avec figure à mi-corps au haut de la croix (Vente Soltykoff).

Objets antiques

98 — Statuette d'Harpocrate debout, tenant une corne d'abondance; bronze antique d'une grande finesse.

99 — Minerve debout; statuette antique bien conservée et et d'une grande finesse.

100 — Un bracelet et deux bagues en verre; antiques.

101 — Taureau en sardoine de la plus belle couleur; travail antique provenant d'une fibule.

102 — Petit buste d'Hercule en marbre rouge antique, coiffé de la peau du lion. Cette partie est en bronze.

103 — Candélabre en terre cuite, formé d'un pied supporté

par trois griffes, sur lequel est peinte la figure d'Apollon. La tige est ornée de génies en relief. Le décor est rehaussé de blanc. Hauteur, environ 30 centim.

104 — Colombe de suspension, ayant son petit sur le dos; bronze antique de l'époque chrétienne. Objet curieux.

Meubles

195 — Très-belle console dans le style du temps de Louis XV, en bois sculpté et doré, formée d'enroulements avec feuillages et fleurs, et enrichie de mascarons. Travail vénitien.

106 — Autre console semblable.

107 — Grande glace de même époque et même style. Cadre à compartiments riches d'ornements sculptés et dorés, surmonté d'un fronton orné de bustes et de mascarons.

108 — Autre belle glace, avec cadre à compartiments, en bois sculpté et doré d'une ornementation très-riche.

109 — Deux grands et beaux fauteuils, style du temps de Louis XIV, en bois de noyer, sculpté et doré, d'une grande richesse d'ornements. Travail vénitien.

110 — Deux autres fauteuils semblables aux précédents.

111 — Deux dito.

112 — Deux dito, dont on a ôté la dorure pour laisser voir le fini de la sculpture.

113 — Deux consoles, avec entre-jambes à X, et pieds à cariatides.

114 — Grand miroir à biseau, du temps de Louis XIII, le cadre à fronton, en bois noir, est couvert d'ornements en cuivre repoussé et doré d'une grande richesse.

115 — Autre miroir de même époque et de même style.

Objets divers

116 — Livre d'heures du xve siècle, manuscrit sur vélin enrichi d'un grand nombre de miniatures grandes et petites, d'une exécution remarquable.

117 — Autre manuscrit, moins bien conservé.

Jolie miniature sur vélin, représentant un doge de Venise au pied de la Vierge; cadre en argent et cuivre.

118 — Aiguière orientale et son bassin à double fond repercé

à jour, en cuivre rouge repoussé, enrichis de rosaces émaillées du plus bel effet; la réunion de ces deux pièces est de la plus grande rareté.

119 — Bassin en cuivre repoussé à ornements en relief. Travail italien du XVIe siècle.

120 — Autre bassin plus petit, du même genre.

121 — Lampe de suspension en cuivre découpé à jour avec ses chaînes pour la suspendre. Travail italien.

122 — Deux beaux vases à anses en faïence italienne, décorés de fleurs et d'oiseaux en couleurs vives et variées.

123 — Joli coffret du XVe siècle, décoré de bas reliefs en pâte grise sur fond doré, représentant l'histoire de Diane et d'Actéon, les sujets sont entourés de riches moulures et de feuillages.

124 — Deux appliques pour lumières à fond de glaces gravées, cadres en bois sculpté et doré.

125 — Plat couvert de fragments de nacre de perle et de pâte de verre, ancien travail oriental.

126 — Petite arbalette du XVIe siècle, monture en bois incrusté d'ivoire.

127 — Épée italienne dont la coquille est ciselée et repercée à jour.

128 — Boîte en cristal de roche, de forme octogone, décorée d'ornements gravés.

129 — Autre boîte en cristal de roche, ornements gravés imitant la vannerie, monture en cuivre doré.

130 — Petit reliquaire en cristal de roche, monté en cuivre doré, s'ouvrant en trois parties.

131 — Autre objet en cristal de roche provenant d'une boîte de montre.

132 — Quatre jolis écoinçons en bronze doré et ciselé, provenant d'un cadran d'horloge du XVIe siècle, ou d'un petit cadre.

133 — Deux fermails de livres en cuivre doré, et un bel ornement découpé à jour provenant d'une horloge.

134 — Deux figures de génies ayant servi de support à un vase, et deux bustes en bronze italien, pour boutons de portes.

135 — Ancienne reliure de livre du XVe siècle, dont les ornements et les fermails sont en argent doré.

136 — Vitrail peint en grisaille, représentant l'Odorat, figuré par une dame à laquelle un cavalier présente une fleur, et par Diane tenant des chiens de chasse en laisse.

137 — Bas-relief en cuivre repoussé et doré, représentant Judith tenant la tête d'Holopherne, XVIᵉ siècle.

138 — Bas-relief en métal mélangé d'argent, représentant deux anges jouant, l'un de l'orgue, l'autre de la viole, travail du XVᵉ siècle.

139 — Petit cadre italien en bois noir, décoré d'ornements et d'écoinçons en cuivre doré et repoussé.

140 — Deux petites pièces en fer ciselé, étui et poinçon.

141 — Figurine de page en bronze et un lion héraldique en bronze doré.

142 — Deux petits médaillons ovales, portraits peints sur cuivre, l'un flamand, l'autre espagnol.

143 — Peinture sur émail, sujet galant.

144 — Petit médaillon serti en argent, offrant d'un côté l'Annonciation, sculpture sur nacre de perles, sur l'autre la Mise au tombeau en peinture églomisée.

145 — Médaillon sculpté sur nacre de perles, représentant une dame en costume du XVIᵉ siècle.

146 — Petit bas-relief en bronze doré, ayant servi de baiser de paix, belle composition connue de l'artiste Opus Moderni.

147 — Médaille en bronze doré représentant **Henri IV** et Marie de Médicis, et un médaillon ovale, buste de femme, bronze doré.

148 — Grand médaillon en bronze, représentant un personnage, avec l'exergue : *Georgius rex*, inscrit en lettres figurées, signé Soelaender.

149 — Deux petits bas-reliefs ronds, entourés d'une riche bordure à palmettes; sur l'un est représenté Esculape, sur l'autre Apollon et Marsyas; beau travail de la fin du XVe siècle.

150 — Bas-relief circulaire en bronze, représentant Orphée perdant Eurydice, XVe siècle.

151. — Coffre en forme d'arche, recouvert en velours vert, orné de riches ornements brodés en fin.

152 — Très-petit coffret en cuir gravé et doré, orné de coquillages.

153 — Petite coupe en émail, représentant au fond une femme assise et des feuillages.

154 — Joli bol en porcelaine de Perse.

155 — Deux très-petits vases à fleurs en faïence, époque Louis XVI.

156 — Une très-belle entrée de serrure et un pied d'angle. du XVIe siècle, en cuivre doré.

157 — Boîte de montre en cuivre ciselé et doré, et une petite tête d'enfant en bronze pour bouton de porte.

158 — Quatre petits objets, dont deux en argent doré provenant de reliquaires, et deux en cuivre.

159 — Deux objets en bronze : un agneau chrétien et un petit cheval,

160 — Trois compotiers oblongs et festonnés, décorés de fleurs émaillées, porcelaine ancienne de Giguori.

161 — Six assiettes provenant du même service.

162 — Six petites assiettes décorées d'animaux en peinture coloriée.

163 — Paire de vases à couvercle en faïence blanche et bleue, très-beau décor.

164 — Flambeau en porcelaine, formé par un groupe de trois figures d'enfant.

165 Petit mortier et deux fragments en porphyre oriental.

166 — Trois pieds de reliquaire en bronze doré, deux lions et un dragon.

167 — Sous ce numéro seront vendus les objets omis au catalogue.

www.ingramcontent.com/pod-product-compliance
Ingram Content Group UK Ltd.
Pitfield, Milton Keynes, MK11 3LW, UK
UKHW032032260826
14628UKWH00006B/2898

9 782329 539829